ÍNDICE

5, 4, 3, 2, 1... ¡DESPEGUE! 4

DEPORTES Y CIENCIA 8

UN ASTRONAUTA, DESPUÉS DE TODO 16

LÍNEA DEL TIEMPO 21

GLOSARIO 22

ÍNDICE ANALÍTICO 23

PREGUNTAS RELACIONADAS
CON EL TEXTO 23

ACTIVIDAD DE EXTENSIÓN 23

ACERCA DE LA AUTORA
Y LA ILUSTRADORA 24

5, 4, 3, 2, 1…
¡DESPEGUE!

LÍDERES COMO NOSOTROS

LELAND MELVIN

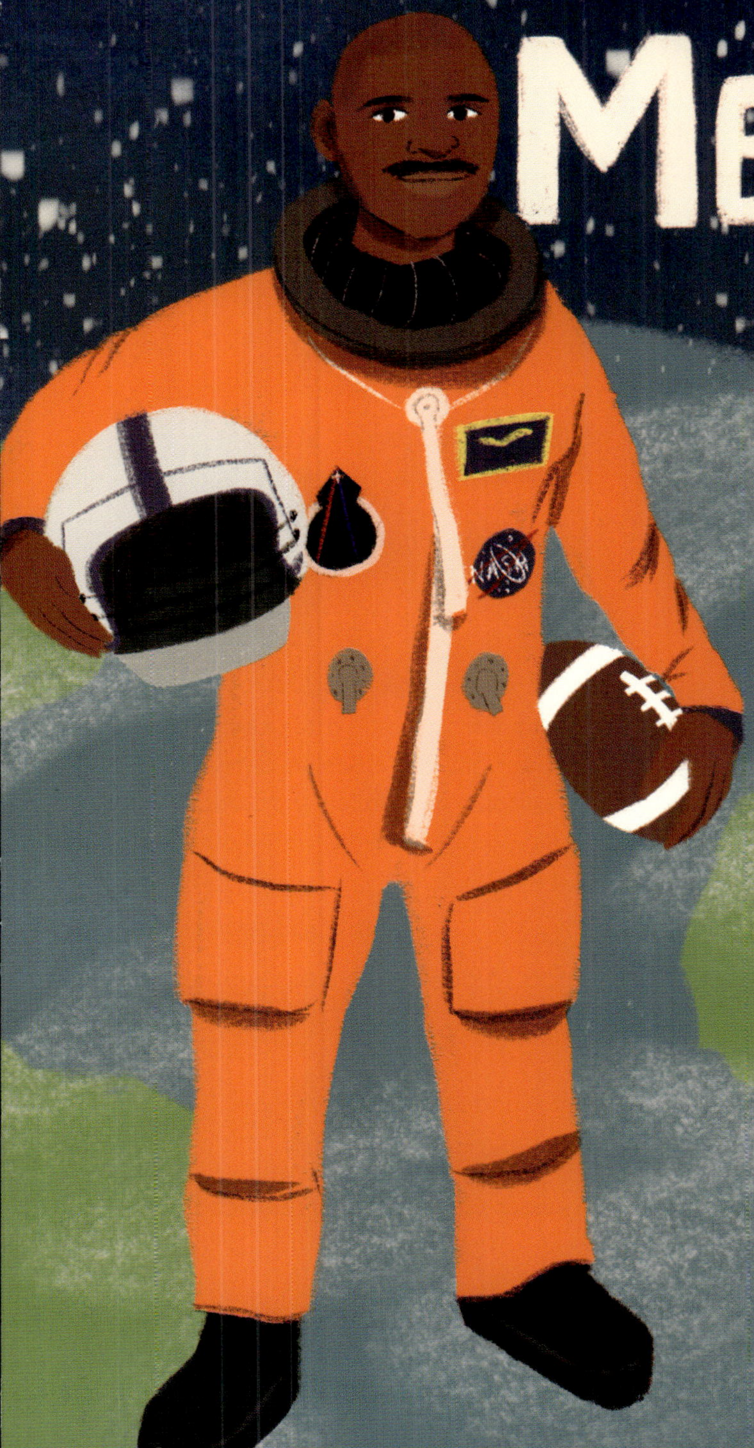

Un título de Selección del Lector

El tema de este libro de «Selección del Lector» fue elegido por lectores y educadores. ¡Estamos orgullosos de ofrecerles títulos, temas e historias que reflejan las elecciones y voces de nuestros diversos y brillantes lectores!

DE J. P. MILLER

ILUSTRADO POR AMANDA QUARTEY

TRADUCCIÓN DE PABLO DE LA VEGA

Rourke

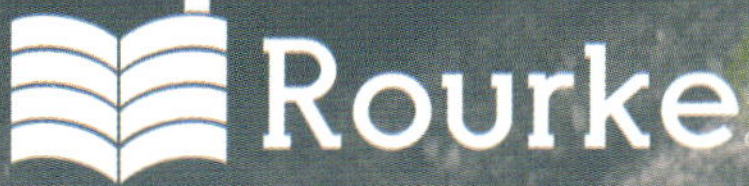

ANTES Y DURANTE LAS ACTIVIDADES DE LECTURA

Antes de la lectura: *Desarrollo del conocimiento previo y del vocabulario*

Establecer el conocimiento previo puede ayudar a los niños a procesar nueva información y a ampliar la que ya conocen. Antes de leer un libro, es importante explorar lo que ya saben los niños acerca del tema. Esto los ayudará a desarrollar su vocabulario e incrementar su comprensión de la lectura.

Preguntas y actividades para establecer el conocimiento previo:

1. Ve la portada del libro y lee el título. ¿De qué crees que trata este libro?
2. ¿Qué sabes sobre este tema?
3. Hojea el libro y echa un vistazo a las páginas. Ve el índice, las fotografías, los pies de foto y las palabras en negritas. ¿Estas características del texto te dan información o ayudan a hacer predicciones acerca de lo que leerás en este libro?

Vocabulario: *El vocabulario es la clave para la comprensión de la lectura*

Use las siguientes instrucciones para iniciar una conversación acerca de cada palabra.

- Lee las palabras del vocabulario.
- ¿Qué te viene a la mente con cada palabra?
- ¿Qué crees que significan?

Palabras del vocabulario:

- astronautas
- atleta
- equipamiento
- experimentos
- exploración
- laboratorio
- reclutamiento
- tripulación

Durante la lectura: *Leer para entender y conocer los significados*

Para lograr una comprensión profunda de un libro, se anima a los niños a que usen estrategias de lectura detallada. Durante la lectura, es importante hacer que los niños se detengan y establezcan conexiones. Esas conexiones darán como resultado un análisis y entendimiento más profundo de un libro.

Lectura detallada de un texto

Durante la lectura, pida a los niños que se detengan y hablen acerca de lo siguiente:

- Partes que sean confusas.
- Palabras que no conozcan.
- Conexiones texto a texto, texto a ti mismo, texto al mundo.
- La idea principal de cada capítulo o encabezado.

Estas estrategias ayudarán a los niños a aprender a analizar el texto más minuciosamente mientras leen.

Cuando terminen de leer este libro, vayan a la penúltima página para ver las **Preguntas relacionadas con el texto** y una **Actividad de extensión**.

¿Alguna vez has deseado visitar un lugar nuevo? ¿Cómo puedes llegar ahí? Leland Melvin quería ir al espacio exterior. Se unió al programa de **astronautas** de la Administración Nacional de Aeronáutica y el Espacio (NASA, por sus siglas en inglés). Fue un líder de la **exploración** espacial. Ahora, su sueño estaba a punto de volverse realidad. Estaba a bordo del transbordador espacial *Atlantis* esperando su lanzamiento.

La tripulación del transbordador ajustó el arnés de Leland. El reloj avanzaba y los cohetes rugían. Era un día importante para él: haría su primer viaje como astronauta.

Feliz, Leland chocó el puño con los miembros de su **tripulación**. Estarían viviendo y trabajando juntos en el espacio por las próximas dos semanas.

«... ¡despegue!».

En un instante, el transbordador estuvo a millas de la Tierra. Leland miró por la ventana hacia el cielo oscuro. Nunca había visto algo tan hermoso.

DEPORTES Y CIENCIA

Cuando era niño, a Leland le encantaba la ciencia. Le encantaba hacer **experimentos** en casa. En la secundaria, tomó clases avanzadas. A Leland también le encantaban los deportes. Era un jugador estelar del equipo de fútbol americano de su secundaria. Ser un gran **atleta** le ganó una beca para estudiar en la Universidad de Richmond.

Leland siguió jugando fútbol americano y estudiando
Ciencias en la universidad. Después de graduarse, quería
jugar fútbol americano profesional. Esperaba ser elegido
para ser parte del **reclutamiento** de la Liga Nacional de
Fútbol Americano (NFL, por sus siglas en inglés) de 1986.
Los Leones de Detroit le pidieron que se les uniera. Así,
Leland se convirtió en un jugador de la NFL.

En la primavera, Leland fue a Michigan a entrenar.
Un día, mientras corría, sintió que algo en su pierna se
rompía. Cayó al suelo envuelto en dolor. Se tomó una
pausa del fútbol americano debido a esta lesión. Leland
regresó a Virginia. Su pierna sanó. Comenzó a entrenar
de nuevo, pero para un equipo diferente. Aún quería
jugar fútbol americano, pero se volvió a lastimar y tuvo
que dejarlo.

Leland tenía un nuevo plan: regresaría a la universidad y se convertiría en científico. Trabajó duro y se convirtió en un experto en el espacio. Comenzó a trabajar para la NASA. Mientras estaba ahí, solicitó ser astronauta y fue aceptado.

Para ir al espacio, Leland tenía que entrenar mucho.
Estaba listo para esta nueva aventura. Parte de su
entrenamiento era nadar en una piscina en un traje espacial
para sentir lo que era estar en el espacio.

Leland fue colocado en una piscina. Comenzó a entrenar, pero a su traje le faltaba una pieza importante de **equipamiento**. Le empezaron a doler los oídos y no podía escuchar. Cuando salió del agua, los doctores descubrieron que tenía una herida en los oídos. Dijeron que podría perder para siempre la capacidad de escuchar. Aún peor, si su oído no sanaba, no podría ir al espacio. Pero Leland no se dio por vencido para alcanzar sus sueños.

Leland trabajó para la NASA mientras esperaba que su oído sanara. Ayudaba a otras personas a aprender sobre el espacio. Un día, sucedió algo maravilloso: un doctor le revisó el oído y descubrió que había sanado. El doctor le dio permiso para continuar con su entrenamiento. Después de todo, los sueños de Leland se harían realidad.

UN ASTRONAUTA, DESPUÉS DE TODO

Leland acabó su entrenamiento y se convirtió en astronauta. Su primera misión sería a bordo del transbordador espacial *Atlantis*. Lo llevaría a la *Estación Espacial Internacional* (*EEI*). Ahí, podría ayudar a unir un nuevo **laboratorio** a la *EEI*. Estaría trabajando con astronautas de todo el mundo.

VOLAR POR EL ESPACIO

Cuando están en órbita, las naves espaciales se mueven muy rápido. El *Atlantis* podía viajar a 17,000 millas (más de 27,350 kilómetros) por hora.

Había mucho que hacer en la misión. La tripulación del *Atlantis* **reparó la estación espacial...**

... llevó a cabo experimentos...

... y trabajó jornadas largas.

También disfrutaban del tiempo libre. Incluso, ¡jugaban a atrapar la pelota en el transbordador espacial! Leland se convirtió en la única persona en haber atrapado un balón en la NFL y en el espacio.

Leland completó dos misiones espaciales. ¡Pasó más de 565 horas en el espacio! Cuando regresó a la Tierra, supo que quería ayudar a la gente a aprender sobre ciencia.

Leland se convirtió en el líder del Equipo de Diseño de Educación de la NASA. Ayudó a mejorar la forma en la que enseñamos a las personas sobre el espacio. También ayudó a operar un programa de educación en la ciencia del gobierno de EE. UU.

Leland fue un líder científico. Sin embargo, la gente no olvida
su carrera como futbolista. El Salón de la Fama del Fútbol
Americano Profesional lo honró colocando su camiseta de los
Leones de Detroit en su museo.

Educar a la siguiente generación de astronautas se convirtió
en el nuevo objetivo de Leland. Se retiró de la NASA en 2014.
Ahora viaja alrededor del mundo contando su historia como
líder y animando a estudiantes jóvenes.

LÍNEA DEL TIEMPO

1964 Leland Melvin nace el 15 de febrero, hijo de Deems y Grace Melvin, en Lynchburg, Virginia.

1982 Leland Juega como receptor para el equipo de fútbol americano Arañas, de la Universidad de Richmond de 1982 a 1985.

1986 Leland es seleccionado en la 11ª ronda de reclutamiento de la NFL para jugar con los Leones de Detroit. Se lesiona en un entrenamiento.

1987 Leland se reporta con el equipo de los Vaqueros de Dallas para el entrenamiento de primavera. Su carrera en el fútbol americano termina debido a lesiones.

1991 Leland obtiene una maestría en Ingeniería Científica de Materiales por la Universidad de Virginia.

2008 Leland es especialista de misión a bordo del transbordador espacial *Atlantis* en la misión STS-122 que es lanzada el 8 de febrero.

2009 Leland es especialista de misión 1 a bordo del transbordador espacial *Atlantis* en la misión STS-129 que es lanzada el 16 de noviembre.

2010 Leland es asignado a trabajar en la Oficina de Educación en la sede de la NASA y se le pide que lidere el Equipo de Diseño de Educación.

2014 Leland se retira de la NASA.

2015 Leland trabaja como codirector del Cuerpo Especial encargado de la Coordinación Federal de Educación en Ciencia, Tecnología, Ingeniería y Matemáticas de la Casa Blanca.

2018 El libro de memorias de Leland, *Chasing Space*, es publicado.

2019 Leland Melvin es honrado por el Salón de la Fama del Fútbol Americano Profesional por sus logros atléticos y académicos: colocan en exhibición su camiseta con el número 4 de los Leones de Detroit en Canton, Ohio.

GLOSARIO

astronautas: Personas que viajan en una nave espacial.

atleta: Alguien que entrena un deporte o ejercicio físico o es muy bueno para desempeñarlos.

equipamiento: Las herramientas, máquinas o productos necesarios para un propósito particular.

experimentos: Pruebas para comprobar una teoría o ver el efecto de algo.

exploración: El acto de estudiar una cosa o lugar desconocidos.

laboratorio: Una habitación o edificio que tiene equipamientos especiales para que las personas los usen en experimentos científicos.

reclutamiento: Un proceso por medio del cual los miembros de un equipo deportivo profesional son seleccionados.

tripulación: Un equipo de personas que trabajan juntas en un barco, tren o aeronave.

ÍNDICE ANALÍTICO

Atlantis: 5, 17, 18

EEI: 17

Leones de Detroit: 9, 20

lesión: 10

NASA: 5, 11, 14, 19, 20

piscina: 12, 13

Salón de la Fama del Fútbol Americano Profesional: 20

Universidad de Richmond: 8

PREGUNTAS RELACIONADAS CON EL TEXTO

1. ¿Cómo comenzó Leland Melvin su carrera en el fútbol americano?
2. ¿Cuáles eran las distintas partes del transbordador espacial *Atlantis*?
3. ¿Cómo fue que Leland Melvin perdió temporalmente su oído?
4. ¿Cuál fue una razón por la cual Leland Melvin y su equipo fueron al espacio exterior en el *Atlantis*?
5. ¿Qué trabajos tuvo Leland Melvin después de ser astronauta?

ACTIVIDAD DE EXTENSIÓN

Aprende más acerca de los que significa ser un científico en el espacio. Averigua sobre algún tipo de tecnología que los astronautas usen mientras están realizando alguna misión. Piensa en lo que hace y en cómo es hecha. Construye un modelo o una versión de la tecnología que pueda ser usada en la Tierra. Intenta usar tu nueva tecnología y encuentra una manera de mejorarla.

ACERCA DE LA AUTORA

J. P. Miller. Cuando era niña, a J. P. Miller le encantaba leer historias en las que pudiera sumergirse. Como escritora, disfruta de crear lo mismo para sus lectores. Gracias al don de la narrativa, puede dar vida a personajes y sucesos poco o bien conocidos de la historia afroamericana para que los lectores jóvenes los conozcan. Espera que sus historias enriquezcan la experiencia en el salón de clases e inspiren a sus lectores. J. P. vive en el área metropolitana de Atlanta y es la autora de las series *Careers in the US Military* y *Black Stories Matter*.

ACERCA DE LA ILUSTRADORA

Amanda Quartey. Amanda vive en el Reino Unido y nació y creció en Londres. Siempre le ha encantado dibujar y lo ha estado haciendo desde que tiene memoria. A los 14 años, se mudó a Ghana y estudió Arte en la escuela. Luego regresó al Reino Unido para estudiar Diseño Gráfico. Su camino artístico se desvió un poco cuando decidió estudiar Estudios Clásicos en su universidad. Con el tiempo, en un esfuerzo por regresar a sus raíces artísticas, Amanda ha construido un portafolios como ilustradora profesional y ahora disfruta de cada aspecto de su carrera como ilustradora.

www.rourkebooks.com

Quote source: CBS News, "Leland Melvin's inspiring story of rocketing across careers," YouTube video, 4:08, January 10, 2019, https://youtu.be/eqlHNCzNmUk.

Edición de: Tracie Santos
Ilustraciones de: Amanda Quartey
Diseño de los interiores y la portada de: J.J. Giddings
Traducción al español: Pablo de la Vega
Edición en español: Base Tres

Library of Congress PCN Data

Leland Melvin / J. P. Miller
(Líderes como nosotros)
ISBN 978-1-73165-983-5 (hard cover)
ISBN 978-1-73165-971-2 (soft cover)
ISBN 978-1-73165-975-0 (e-Book)
ISBN 978-1-73165-979-8 (e-Pub)
Library of Congress Control Number: 2021935449

Rourke Educational Media
Printed in the United States of America
01-0342511937